COACHING DE EMPLEADOS PARA DIRECTIVOS.

COACHING DE EMPLEADOS PARA DIRECTIVOS

Serie " Habilidades directivas para directivos "
Por: D.K. Hawkins
Versión 1.1 ~Septiembre 2021
Publicado por D.K. Hawkins en KDP
Copyright ©2021 por D.K. Hawkins. Todos los derechos reservados.

Ninguna parte de esta publicación puede ser reproducida, distribuida o transmitida en cualquier forma o por cualquier medio, incluyendo fotocopias, grabaciones u otros métodos electrónicos o mecánicos, o por cualquier sistema de almacenamiento o recuperación de información, sin el permiso previo por escrito de los editores, excepto en el caso de citas muy breves incorporadas en reseñas críticas y algunos otros usos no comerciales permitidos por la ley de derechos de autor.

Quedan reservados todos los derechos, incluido el de reproducción total o parcial en cualquier formato.

Toda la información contenida en este libro se ha investigado cuidadosamente y se ha comprobado su exactitud. Sin embargo, el autor y el editor no garantizan, expresa o implícitamente, que la información contenida en este libro sea apropiada para cada individuo, situación o propósito y no asumen ninguna responsabilidad por errores u omisiones.

El lector asume el riesgo y la plena responsabilidad de todas sus acciones. El autor no será responsable de ninguna pérdida o daño, ya sea consecuente, incidental, especial o de otro tipo, que pueda resultar de la información presentada en este libro.

Todas las imágenes son de uso gratuito o han sido adquiridas en sitios de fotografías de stock o libres de derechos para uso comercial. Para la elaboración de este libro me he basado en mis propias observaciones y en muchas fuentes diferentes, y he hecho todo lo posible por comprobar los hechos y dar el crédito que corresponde. Si se utiliza algún material sin la debida autorización, le ruego que se ponga en contacto conmigo para corregir el error.

La información proporcionada en este libro tiene únicamente fines informativos y no pretende ser una fuente de asesoramiento o análisis crediticio con respecto al material presentado. La información y/o los documentos contenidos en este libro no constituyen un asesoramiento legal o financiero y nunca deben utilizarse sin consultar primero con un profesional financiero para determinar qué puede ser lo mejor para sus necesidades individuales.

El editor y el autor no ofrecen ninguna garantía ni promesa sobre los resultados que puedan obtenerse al utilizar el contenido de este libro. Nunca debe tomar ninguna decisión de inversión sin consultar primero con su propio asesor financiero y realizar su propia investigación y diligencia debida. En la medida en que lo permita la ley, el editor y el autor declinan toda responsabilidad en caso de que la información, los comentarios, los análisis, las opiniones, los consejos y/o las recomendaciones contenidos en este libro resulten ser inexactos, incompletos o poco fiables, o den lugar a pérdidas de inversión o de otro tipo.

El contenido de este libro no pretende constituir ni constituye un asesoramiento jurídico o de inversión y no se establece ninguna relación abogado-cliente. El editor y el autor proporcionan este libro y su contenido "tal cual". El uso que usted haga de la información contenida en este libro es por su cuenta y riesgo.

ÍNDICE DE CONTENIDOS.

ÍNDICE DE CONTENIDOS. 4

INTRODUCCIÓN. 6

CAPÍTULO 1 10

    Cómo los directivos eficaces involucran a sus empleados... 10

CAPÍTULO 2 23

    Los directivos deben desarrollar continuamente a sus empleados. 23

CAPÍTULO 3 31

    Gestión de los conflictos interpersonales entre los empleados. 31

CAPÍTULO 4 37

    Cómo prevenir el acoso laboral entre los empleados. 37

CAPÍTULO 5 45

    Cómo conseguir que sus empleados trabajen en equipo. ... 45

CAPÍTULO 6 51

    Cómo ganarse el respeto, la lealtad y la confianza de sus empleados. 51

CAPÍTULO 7 61

    La importancia de dar feedback a los empleados. 61

CAPÍTULO 8 68

    Desarrollar un plan de coaching por escrito para los empleados. 68

CONCLUSIÓN. 73

INTRODUCCIÓN.

Una de las preguntas más poderosas que puede hacerse un directivo es:

¿Expreso regularmente mi gratitud por las capacidades y los logros de los demás?

Los directivos emocionalmente inteligentes se preocupan de verdad por que sus empleados lleven una vida sana, feliz y productiva en el trabajo y en casa.

¿Es usted un directivo que ejemplifica la gestión saludable del estrés fomentando un entorno y un clima de auténtico agradecimiento?

¿Es usted capaz de crear un lugar de trabajo de alto rendimiento en el que los empleados están emocionalmente implicados?

¿Tiene una cultura organizativa que valora expresar regularmente la gratitud a todos sus empleados?

¿Promueven los directivos de las organizaciones la gestión del estrés y el bienestar general?

Resiliencia

El estrés puede reducirse cultivando un estado mental positivo antes, durante y después de las situaciones estresantes. Se pueden adquirir técnicas específicas para reenfocar la mente antes de experimentar el estrés. Es posible minimizar el tiempo y la energía necesarios para conseguir una mente tranquila y reflexiva.

Según las investigaciones, las técnicas que generan agradecimiento pueden ayudar a reducir la producción de cortisol (la hormona del estrés). Se ha demostrado que las expresiones regulares de gratitud reducen la presión arterial, equilibran las hormonas y aumentan los anticuerpos que combaten los patógenos que producen el estrés en el cuerpo.

Reconocer los puntos fuertes y los talentos de los empleados y expresar su agradecimiento son componentes esenciales de la gestión del estrés. Los programas de coaching y tutoría pueden ayudar a las organizaciones a desarrollar culturas corporativas y entornos de trabajo saludables que fomenten la innovación, la productividad, el máximo rendimiento y el compromiso total.

Según los investigadores, expresar gratitud en el lugar de trabajo reduce el estrés y aumenta el rendimiento. Los directivos de las empresas pueden cultivar una mentalidad de agradecimiento centrándose en lo que hace cada empleado en el momento presente.

Los directivos de las empresas pueden experimentar una gran alegría y satisfacción cuando ven que los rostros de los empleados se iluminan y sienten que sus importantes contribuciones son reconocidas por la dirección. Demostrar aprecio genera energía emocional, lo que contribuye a desarrollar una plantilla feliz, productiva y resistente al estrés.

Puede convertirse en un directivo que ejemplifique la inteligencia emocional y social y que inspire a las personas a comprometerse felizmente con la estrategia y la visión de su empresa.

¿Estás preparado? Empecemos.

CAPÍTULO 1

Cómo los directivos eficaces involucran a sus empleados.

El liderazgo a nivel directivo es un juego de alto riesgo. Hoy en día, muchos directores generales evitan comunicarse con sus clientes y empleados. Al difunto fundador de Walmart, Sam Walton, le preguntaron por qué pasaba un día a la semana en su oficina y el resto de la semana en sus tiendas con los empleados.

El Sr. Walton respondió que era consciente de que se pasaba demasiado tiempo en la oficina, pero que no era demasiado viejo para mejorar sus propias habilidades de gestión. Si no se reúne con los empleados con regularidad, ya sea en grupo o individualmente, deja pasar una importante oportunidad de influir en su éxito.

Considere el obstáculo más importante al que se enfrentan los directivos a diario al comenzar este debate sobre el coaching formal. Es legal. Todo el mundo está ocupado y tiene mucho que hacer. Una empresa depende de tres recursos importantes para dar servicio a sus clientes.

Recursos de capital: la parte financiera o monetaria de la empresa.

Recursos materiales - los bienes y servicios que ofrece una empresa

Recursos humanos - definidos como "personas" y el potencial intelectual y personal que representan.

Los recursos humanos, es decir, las personas, son el componente más importante de cualquier empresa. Las personas ponen a trabajar el capital y los activos materiales de la empresa y toman decisiones creativas sobre cómo hacerlo con eficacia y eficiencia.

La cuestión es por qué un directivo se niega a invertir tiempo en las personas. La peor realidad es que demasiados malos jefes están tan envueltos en su inflado sentido de la autoimportancia que tienen pocas ganas de mezclarse o interactuar con sus empleados.

Una empresa con la que colaboramos ejemplifica este dilema. Tras hablar con los empleados y visitar sus áreas de trabajo, nos pidieron que convenciéramos a su director para que "nos escuchara y entendiera lo que intentamos conseguir".

Afirmaban que se pasaba todo el día enviando correos electrónicos incendiarios y recopilando informes minuciosos. Deseaban que abriera la puerta de su oficina, saliera de su escritorio y se comunicara con ellos.

El coaching formal en reuniones individuales permite a los directivos comunicarse con los empleados de forma coherente. Las reuniones individuales deben celebrarse en privado y pueden durar entre cinco y sesenta minutos, en función de las necesidades del empleado. A medida que las reuniones individuales aumentan su frecuencia, suelen durar menos.

Las sesiones de coaching individual benefician a la empresa y a sus directivos de diferentes maneras, como por ejemplo:

- Mejorar la eficacia de la comunicación.
- Ayudar en la gestión diaria del rendimiento.
- Proporcionar oportunidades de formación y entrenamiento.
- Establecer una relación empleado-jefe.
- Crear un entorno propicio para la mejora continua.
- Concentrarse en el desarrollo futuro.
- Ayudar a las empresas y a los empleados a alcanzar y superar sus objetivos.

Además, los empleados se benefician de las interacciones individuales:

- Crear una oportunidad para aumentar y mejorar la comunicación.
- Aumenta la probabilidad de recibir un reconocimiento frecuente e inmediato.
- Reduce la ansiedad laboral y fomenta una actitud positiva hacia el trabajo.

- Previene los problemas.
- Ayudar a los empleados a avanzar en sus carreras.
- Contribuir al desarrollo de relaciones laborales más sólidas.
- Mejorar el rendimiento individual.

Por sí misma, la comunicación hace que este esfuerzo merezca la pena. Los jefes eficaces se comunican eficazmente y hacen participar a sus empleados a través de la interacción uno a uno. Una reunión individual es una forma concentrada de coaching formal.

¿Con qué frecuencia debe un directivo celebrar reuniones individuales?

Este puede ser un tema polémico, sobre todo ahora que las empresas están avanzando hacia los equipos autodirigidos y el empoderamiento de los empleados. Según la experiencia, cuanta más interacción con el cliente tiene un empleado, más a menudo se requieren reuniones individuales.

Algunas empresas las realizan a diario, ya que sus empleados interactúan con entre 50 y 200 clientes al día. Esta actividad infunde una sensación de urgencia, importancia y complejidad que puede abordarse de forma individual para garantizar que los clientes sean atendidos correctamente de forma constante.

En este tipo de entorno, las conversaciones individuales son breves. Otras empresas llevan a cabo reuniones individuales semanales o mensuales, ya que sus empleados tienen menos contacto con los clientes. En estos casos, las sesiones individuales duran entre 30 y 60 minutos. Tendrá que evaluar sus necesidades en función de sus circunstancias particulares.

Puede anticipar resultados positivos de una inversión en coaching individual, como por ejemplo:

- Alcanzar o superar los objetivos de los empleados.
- Aumento de la participación e innovación de los empleados.
- Aumento de la satisfacción de los empleados.
- Productos superiores

- Aumento de la satisfacción de los clientes.
- Aumento de las ventas, los beneficios y el control de los costes.

Deje claro y preciso a sus empleados lo que espera de una reunión individual. Al planificar la reunión, informe a los participantes de que deben estar preparados para realizar las siguientes tareas.

- Discutir los objetivos, las actividades y los resultados.
- Discutir el curso de acción futuro.
- Aportar soluciones a cada problema o dificultad.
- Mantener una actitud positiva y ser respetuoso.

Las reuniones individuales tienen éxito cuando los directivos cumplen sus compromisos y reservan tiempo en sus agendas para reunirse con los empleados. Esto requiere organización, además de planes de contingencia para cuando las cosas no vayan según lo previsto.

Los directivos deben tomar y mantener notas detalladas durante las reuniones individuales con los empleados y estar al día de las métricas y los objetivos de cada empleado y departamento.

Cuando los planes cambian o hay que cancelar una reunión, el seguimiento inmediato es esencial. Se puede pedir a otro directivo que se ponga en contacto con los empleados si es necesario. Aunque es menos personal, las sesiones individuales pueden llevarse a cabo por teléfono si estáis separados geográficamente.

Dé prioridad a la comunicación individual con un empleado. Una conversación individual se lleva a cabo esencialmente de la misma manera por teléfono que en persona. La responsabilidad de un directivo es ser accesible. Sólo las emergencias o las vacaciones deben impedir que se celebren esas reuniones.

Establezca un horario y cúmplalo. Si no puede asistir a la reunión, tenga un plan de respaldo. Asegúrese de que la reunión esté libre de interrupciones o distracciones (cierre la puerta de la oficina y absténgase de aceptar llamadas entrantes).

Tenga a mano sus notas para revisar el rendimiento diario y los compromisos de reuniones anteriores. Asegúrese de que la reunión sea de colaboración. El empleado debe percibir la reunión como algo beneficioso y no como una pérdida de tiempo, una auditoría o una evaluación.

La forma de llevar a cabo la reunión individual es esencial. Su objetivo debe ser desarrollar, no castigar, al empleado. Lo primero es lo que hacen los buenos jefes, mientras que lo segundo es lo que hacen los malos.

Procure ser útil y desarrollar a sus empleados, en lugar de ser destructivo e inmovilizador. Tenga en cuenta que su objetivo es un alto rendimiento, no el resentimiento. Las personas requieren entrenamiento, no críticas destructivas.

Los buenos jefes entrenan a sus subordinados con eficacia y les inculcan el deseo de triunfar. Los malos jefes tienen un sentido de autoimportancia e infunden resentimiento y actitud defensiva en los demás; no intentan ser buenos entrenadores.

Indica que está buscando soluciones.

Involucre a los empleados en el diálogo sobre su progreso hacia sus objetivos, áreas de desarrollo o problemas. Recoge primero sus perspectivas e ideas y luego añade las tuyas. Esto significa adherirse a los planes y compromisos.

Tome notas para registrar su conversación. Solicite un comportamiento similar a los empleados para poder evaluar el progreso en futuras reuniones y hacer un seguimiento de los planes de acción mutuamente acordados. El siguiente esquema detalla los pasos y los temas que deben tratarse durante una sesión de coaching individual.

Paso 1 - Preparación de la reunión (planes de acción, cifras, objetivos, etc.)
Paso 2 - Empezar con un saludo (ser positivo, hacer una pequeña charla, asegurar la privacidad.)

Paso 3 - Recordar a los empleados que deben reafirmar sus objetivos e informar de sus progresos y logros.

Reconocer el progreso, elogiar el rendimiento excepcional e identificar las áreas de mejora.

- ¿Cómo fue tu día, semana o mes?
- ¿Hasta dónde has llegado con tus objetivos y planes de acción?
- ¿Qué ha ido bien?
- ¿Qué fue mal?

Paso 4 - Preguntar al empleado cómo y por qué ha tomado sus decisiones.

- ¿Cómo ha razonado?
- ¿Qué acciones posteriores tomaste?
- ¿Qué podrían haber hecho mejor?
- ¿Qué podrían hacer de forma diferente o más eficaz la próxima vez?
- ¿Cómo puede ayudar a los demás de forma más eficaz en el futuro?

Paso 5 - Buscar soluciones y desarrollar una nueva estrategia para mejorar los resultados.

- ¿Qué sugerencias tiene para la próxima vez?
- ¿Qué opina de este concepto?
- ¿Eres receptivo a las sugerencias?
- ¿Ha pensado en intentarlo? Esta es mi recomendación.

Paso 6 - Cumplir con los planes y compromisos.

- Asegúrese de revisar todos los puntos de acción importantes de la reunión anterior.
- Establezca nuevos objetivos y pasos de acción.

Paso 7 - Concluir el debate y formular un plan de acción.

Paso 8 - Vuelva a reunirse y exprese su gratitud por sus esfuerzos. Asegúrese de que cumple con sus compromisos.

Una sesión individual se centra en la comunicación eficaz. Se discuten los objetivos, las expectativas, las dificultades y las soluciones a esas dificultades. Usted refuerza positivamente los esfuerzos de los empleados, al tiempo que aborda los problemas de rendimiento de forma directa y clara. Ayudas a los empleados a desarrollar las habilidades y actitudes necesarias para hacer bien su trabajo y conseguir los mejores resultados.

En sesiones individuales, se enseña a los empleados a pensar estratégicamente cuando se enfrentan a obstáculos, retos y problemas. El proceso les enseña gradualmente habilidades de resolución de problemas que pueden aplicar por sí mismos. Desarrollan un pensamiento innovador y la capacidad de tomar la iniciativa para ir más allá.

El proceso de coaching individual permite a todos pensar de forma creativa para lograr la excelencia en el rendimiento, en lugar de limitarse a hacer el trabajo.

CAPÍTULO 2

Los directivos deben desarrollar continuamente a sus empleados.

Su búsqueda de miembros de equipo con talento ha concluido y ha contratado a muchos candidatos altamente cualificados para su departamento. El siguiente paso es programar a los nuevos contratados para el proceso de contratación y la formación de procedimientos del departamento.

Esto es una excelente noticia para su nuevo empleado, ya que su departamento de formación corporativo ofrece un excelente programa de nuevas contrataciones: uno que incluye evaluaciones previas y posteriores a la formación, foros de comentarios y sugerencias, y tareas prácticas del mundo real colocadas estratégicamente a lo largo del plan de estudios.

Por si fuera poco, los nuevos miembros de su equipo están preparados para la acción después de dos a cuatro semanas (bastante más en algunas organizaciones) de formación presencial intensiva. O bien, ¿lo están?

Un programa para los nuevos contratados por sí solo es insuficiente.

Es natural que los empleados experimenten una mezcla de emoción y ansiedad a medida que adquieren nuevos conocimientos, tareas y responsabilidades.

¿Sabías que muchos de los nuevos contratados experimentan una ansiedad extrema durante y después de su programa de formación?

La mayoría de los empleadores dejan muy claro que el hecho de no completar el programa de formación con éxito "puede suponer el despido inmediato."

Para aumentar la ansiedad, los nuevos contratados suelen ser informados repetidamente de los estrictos objetivos y expectativas de rendimiento una vez que se unen a los miembros de su equipo titular en el área de trabajo. Los nuevos empleados suelen tener pensamientos aterradores de fracaso y se sienten "lanzados" al entorno de trabajo sin estar preparados ni apoyados.

Los empleados que trabajan en entornos de ritmo rápido, altamente productivos y basados en métricas, como los centros de llamadas, el procesamiento de reclamaciones y los departamentos de entrada de pedidos, son los más propensos a fracasar debido a la falta de formación adecuada.

Desgraciadamente, para muchos de los nuevos empleados el programa de formación inicial será su "única" oportunidad de formación formal y desarrollo personal. Esta deprimente realidad y la tendencia generalizada restringen gravemente la capacidad de un empleado para crecer en conocimientos, habilidades y destrezas (KSA).

Admitámoslo: incluso los empleados con más talento necesitan un desarrollo continuo para alcanzar todo su potencial y producir resultados por encima de la media. ¿No es cierto que todas las empresas necesitan resultados superiores a la media para sobrevivir en el competitivo mercado actual? Sin duda alguna!

Por lo general, el departamento de formación es responsable de la formación de los nuevos empleados y de las iniciativas de preparación de los mismos en la mayoría de las organizaciones. Los directores de departamento deben tener la voluntad y los conocimientos suficientes para aceptar estas iniciativas y la "batuta" del desarrollo de los empleados del departamento de formación.

Lamentablemente, la mayoría de los gerentes no cumplen con esta obligación. O bien carecen de la formación y el compromiso personal necesarios, o bien no comprenden el importante papel del coaching en el éxito de los empleados y de la empresa.

En el caso de algunos directivos, se dan las tres categorías. Independientemente de los obstáculos, los directivos deben creer realmente en su obligación de proporcionar un desarrollo continuo a sus empleados y tomar las medidas adecuadas.

La formación, el compromiso y la concienciación de un directivo son necesarios

Se supone que todos los directivos dan importancia a la formación y el desarrollo de los empleados. Esto no es correcto. Para ser franco, demasiados directivos evitan esta herramienta tan eficaz como la peste. La evasión, hasta cierto punto, es comprensible para los directivos recién nombrados y sin experiencia.

La evasión, por el contrario, es muy frecuente incluso entre los directivos bien formados y con experiencia. Una formación inadecuada, una cultura corporativa de apoyo y un directivo que no entiende el impacto directo del coaching en la mejora del rendimiento y la rentabilidad de los empleados alimentan este problema y afectan no sólo a las metas y objetivos del empleado, sino también a los de la empresa.

Reconozcámoslo: sin un coaching eficaz, una empresa no alcanzará todo su potencial y, en el entorno global altamente competitivo de hoy en día, si no se ofrece un valor constante y continuo a los clientes y a los accionistas, se destruirá la empresa.

El coaching ofrece la oportunidad de recibir comentarios y orientación individualizados, con la intención de ayudar a los empleados a subsanar las deficiencias en sus KSA. Además, promueve resultados de alta calidad. Un coaching eficaz tiene como resultado una plantilla más comprometida y que contribuye más. El coaching eficaz también se ha asociado a una mayor satisfacción y retención de los empleados.

Se necesita tiempo y energía para convertirse en un entrenador eficaz. Es una habilidad importante que requiere formación, práctica y seguimiento, y el compromiso de un directivo con el éxito de sus empleados y de la empresa.

Cuando la formación y el coaching no se imparten o se imparten de forma ineficaz, los empleados se ven privados del nivel de desarrollo personal y profesional necesario para alcanzar su pleno potencial, y la empresa se resiente.

Los siguientes seis consejos ayudarán a los directivos, tanto a los nuevos como a los experimentados, a aumentar su concienciación y eficacia como entrenadores:

1. Desarrollar una relación de confianza con cada empleado

2. Concentrarse tanto en los puntos fuertes de los empleados como en las áreas importantes de deficiencia.

3. Proporcionar una retroalimentación relativa oportuna y consistente

4. Describir cómo el éxito de un empleado está relacionado con el éxito de la empresa (alineación de objetivos estratégicos)

5. Individualizar el contenido del coaching de acuerdo con el conjunto único de KSAs de cada empleado

6. Promover una cultura que valore el desarrollo continuo de los empleados.

CAPÍTULO 3

Gestión de los conflictos interpersonales entre los empleados.

En el lugar de trabajo actual, en el que el tiempo escasea y ninguno de nosotros tiene suficiente, es posible que se pregunte por qué debe primar esta "tarea" y cuándo encontrará el tiempo. Considere las siguientes preguntas; si responde afirmativamente a alguna de ellas, puede que tenga la respuesta.

¿Los conflictos en el trabajo le roban tiempo y energía?

¿Los conflictos de personalidad merman su capacidad de gestión?

¿Se encuentra dando vueltas en la cama por la noche, sin saber cómo intervenir la próxima vez que uno de sus empleados se pelee?

¿La tensión del conflicto afecta a los demás?

¿Los demás toman partido?

¿La dificultad está impidiendo que el equipo alcance sus objetivos?

Piensa en el tiempo que le dedicas actualmente al asunto. He descubierto que evitar el conflicto requiere más tiempo. El conflicto entre compañeros de trabajo consume tiempo y energía, ahoga la creatividad y el espíritu de equipo, y mantiene al directivo despierto por la noche, sin saber qué hacer.

Veo a directivos que, por lo demás, son competentes y tienen conocimientos técnicos, enfrentados, y empiezo a preguntarme:

¿Debo intervenir?

¿Debo organizar una reunión conjunta?

¿Qué voy a decir?".

Algunas personas intervienen de forma ineficaz, agravando el problema. Algunos individuos evitan enfrentarse al problema, y el ambiente se resiente por ello. Debido al estrés, las personas buenas abandonan.

Los trabajos no se completan eficazmente como resultado de la evasión de los compañeros de trabajo. Las relaciones y la productividad se ven perjudicadas. A veces, organizaciones enteras desarrollan una polarización.

Aunque la capacidad de calmar estos fuegos internos no siempre es intuitiva o incluso visible en muchos lugares de trabajo, existen. Podemos aprender, practicar y, finalmente, dominarlos.

Cómo resolver los conflictos entre los empleados

1) Para empezar, contrólate a ti mismo.

Tu actitud hacia lo que está ocurriendo es esencial. Si crees que va a salir bien o mal, estás en lo cierto. Reformule esta situación para usted y sus empleados como una oportunidad:

- Para que la relación mejore.
- Para que ambas partes adquieran las habilidades laborales y vitales necesarias.
- Para ver más de lo bueno en el otro.

Mantenga la objetividad, la ausencia de juicios de valor y la creencia de que el conflicto es la única forma de aprender el uno del otro. Alinearse con ambos.

2) Calcular y adquirir el compromiso

¿Están dispuestos a cambiar su comportamiento?

¿O prefieren cultivar su relato de que todo está bien mientras la otra persona cambie?

¿Están dispuestos a reconocer su papel en el conflicto tal y como se ha desarrollado?

¿Ve el valor de resolverlo?

Asegúrese de hablar con cada persona sobre su voluntad de participar en el proceso. Permita que vean esto como una inversión y un voto de confianza en su futuro. Además, asegúrese de que entienden las consecuencias de no seguir adelante.

3) Reuniones individuales iniciales

Evite reunir a ambas partes en la sala al principio. Hable con cada una de ellas por separado. Familiarícese con el conflicto desde todos los puntos de vista. No intente corregir nada. No dé ningún consejo. Permita que cada uno cuente su historia. Preste atención y exprese su gratitud. Infórmeles de su audiencia.

4) Desarrollar habilidades

Habilidades de gestión emocional, escuchar como un aliado y defenderte a ti mismo sin dejar de ser receptivo a puntos de vista alternativos.

5) Reconciliar a las partes.

Ayudarse mutuamente a crear una nueva narrativa sobre el otro. Dar más importancia a la contribución que a la culpa. Ayudarles a reconocer las intenciones positivas del otro, aunque el resultado haya sido negativo. Actualmente sólo son capaces de ver los aspectos problemáticos del otro. Ayúdeles a identificar las áreas de apreciación.

Aprender a intervenir y ayudar a los empleados a resolver los conflictos le ahorrará a usted y a su grupo de trabajo tiempo, disgustos y dinero gracias a su mayor capacidad para realizar las tareas para las que usted y ellos fueron contratados.

Empiece a practicar intencionadamente las habilidades, actitudes y mecanismos que desea mejorar para que esta parte de su trabajo sea más fácil y satisfactoria. Al hacerlo, reforzará su presencia de liderazgo directivo, su resistencia y su capacidad para gestionar cualquier situación que se presente.

CAPÍTULO 4

Cómo prevenir el acoso laboral entre los empleados.

El acoso no sólo es frecuente en las escuelas, sino también en el lugar de trabajo. Los acosadores suelen estar en posiciones de poder y creen que su posición y su poder justifican el trato insensible a otros que son "inferiores" o no están "a su altura". A menudo justifican sus acciones alegando que están "bromeando" y creyendo que los demás deberían "aceptar una broma".

El acoso tiene repercusiones en todo el lugar de trabajo, ya que viola una atmósfera de seguridad y confianza básicas. La salud emocional y física se ve comprometida, manifestándose en forma de absentismo, estrés no controlado y baja moral en el lugar de trabajo.

El problema es que este tipo de comportamiento abusivo no siempre es ilegal, y aunque trece estados han introducido legislación sobre "lugares de trabajo saludables", ninguna de estas medidas ha sido aprobada.

A continuación se exponen los diez principales consejos para los directivos sobre cómo prevenir el acoso en el lugar de trabajo!

1. El rey de la comunicación es la comunicación

Hace tiempo que se acepta que la gente fracasa en su trabajo por falta de habilidades técnicas, sino por falta de habilidades de comunicación. Recuérdese a menudo que esto es importante para la eficacia en el trabajo. Puede dotar a sus empleados de las herramientas de comunicación esenciales proporcionándoles conocimientos a través de seminarios y formación.

2. Cuidado con el vampiro del trabajo

El acoso en el lugar de trabajo no es aceptable. Reconozca que el acoso en el lugar de trabajo no siempre es manifiesto; puede adoptar una forma sutil de condescendencia, control insidioso y falta de respeto.

Por ejemplo, preguntas retóricas como "¿Por qué no me escuchas?" son inaceptables. "¿Qué te pasa?" "¿Cuántas veces te he dicho que?"

3. Los jefes no deben ser mandones

Asegúrese de que todos los supervisores y empleados entienden la distinción entre comportamiento asertivo y agresivo. Entender las pautas de cada uno puede ayudar a identificar el acoso laboral.

La comunicación asertiva se caracteriza por declaraciones "yo" en las que el hablante es sincero pero discreto y respetuoso con los demás. Por el contrario, la comunicación agresiva se caracteriza por declaraciones "tú" en las que el interlocutor es dominante, controlador y crítico.

Con demasiada frecuencia, quienes ocupan puestos de autoridad creen que pueden ser "mandones" simplemente porque son jefes. La comunicación eficaz comienza en la cima, y los directivos deben servir de modelo.

4. Los directivos tienen que mirar detrás del 10%

El 10% de los comportamientos de acoso están motivados por el mal comportamiento en el lugar de trabajo. El 90% de las veces, se trata de las razones del comportamiento, como conflictos personales no resueltos, agotamiento laboral, problemas de manejo de la ira, resentimiento por la forma en que sienten que son tratados en el trabajo, y una falta de habilidades de las personas necesarias para complementar las habilidades técnicas - algo que la gente no aprende en la educación formal.

Reconozca que los acosadores no son necesariamente "malas" personas; les falta conciencia y habilidades y a menudo son bien intencionados en su afán por "hacer el trabajo".

Es muy posible que algunos individuos sufran de inestabilidad emocional e insalubridad. No tenga miedo de expresar sus preocupaciones, documentarlas y ofrecer asistencia o asesoramiento del EAP a los ejecutivos valorados que luchan por controlar su intensidad.

5. Tener una política de tolerancia cero para el acoso escolar

Proporcionar recursos para ayudar al acosador a reconocer primero que su comportamiento es inaceptable y proporcionarle herramientas para ayudarle a desarrollar mejores habilidades. Evite ser pasivo y mirar hacia otro lado.

Establezca una política escrita que describa lo que constituye el acoso en el lugar de trabajo y las repercusiones del comportamiento de acoso. Asegúrese de que todos los empleados conozcan la política y reciban periódicamente memorandos o recordatorios.

6. Tenga líneas claras de correspondencia para las quejas y los problemas.

Ofrezca un canal claro para denunciar el acoso o las sospechas de acoso que sea confidencial y discreto. Asegúrese de que no habrá repercusiones por compartir una queja.

Los empleados a menudo temen las represalias y creen que si se quejan a recursos humanos o a otro miembro de la dirección, sus quejas no serán tratadas de forma confidencial y sus puestos de trabajo pueden estar en peligro. El miedo a las críticas filtradas es una de las razones más comunes por las que los empleados se abstienen de enfrentarse al acosador, y el miedo a las represalias es primordial.

7. Los empleados también son personas

Los directivos marcan la pauta y pueden ayudar a los empleados a identificar sus derechos.

Tienen derecho a ser tratados con dignidad y respeto, y no tienen derecho a que se les denigre y falte al respeto. Puede proporcionar a los empleados una "carta de derechos" por escrito en la que se describa cómo deben esperar ser tratados. Demuestre su preocupación por un trato justo.

8. Mantener el control sin ser controlado

Reconozca el importante papel del control en la salud mental de sus empleados. Los que se sienten controlados y tienen poca voz en su vida laboral desarrollan resentimiento, lo que se traduce en una baja moral de trabajo y rendimiento.

La percepción de falta de control da lugar a la "impotencia aprendida", en la que los empleados adoptan una mentalidad de víctima y creen que "no hay salida". El resultado es un aumento de la ansiedad, un bajo rendimiento laboral, el absentismo y el uso de las bajas por enfermedad.

9. Sea un gestor del estrés, no un portador del mismo.

El estrés laboral no gestionado cuesta a las empresas y organizaciones de Norteamérica 300.000 millones de dólares en pérdidas de beneficios. Entre el 80% y el 90% de los accidentes laborales son probablemente el resultado de problemas personales y de la incapacidad de los empleados para gestionar el estrés. Realice talleres de gestión del estrés para enseñar a sus empleados a gestionar su estrés de forma eficaz y evitar que se conviertan en "portadores de estrés!"

10. Eduque a sus empleados.

No dé por sentado que sus empleados conocen el acoso laboral. Edúquelos, ofrezca talleres sobre este tema para asegurarse de que entienden la definición de acoso laboral!

CAPÍTULO 5

Cómo conseguir que sus empleados trabajen en equipo.

Lo fundamental para los directivos a la hora de conseguir los resultados deseados se produce cuando los empleados trabajan en colaboración y no de forma independiente; conseguir esos resultados sería mucho más fácil.

Una de las formas más eficaces de conseguirlo es fomentar un entorno en el que los empleados se vean a sí mismos como miembros del equipo y a usted, el entrenador del equipo, como el director.

La relación tradicional entre supervisor y subordinado no inculca en los empleados el deseo de asumir sus responsabilidades y motivarse para hacer algo más que un esfuerzo mínimo. Sin embargo, el modelo de formación de equipos puede dar resultados superiores y aumentar la participación y la cooperación de los empleados cuando se aplica con eficacia.

El directivo es importante para fomentar el sentido de equipo, y su enfoque es esencial para el éxito. Los deportes ofrecen un excelente ejemplo de creación de equipos con éxito.

Un entrenador dirige cada equipo deportivo. La función del entrenador es situar estratégicamente a los jugadores, entrenarlos y motivarlos para que consigan ser campeones. Existen muchas analogías útiles entre un equipo deportivo y un equipo de trabajo.

Cuanto más se vean los directivos como entrenadores de sus equipos, más positivamente reaccionarán éstos a su liderazgo. En este CAPÍTULO se analizan muchas de las habilidades de creación de equipos de un entrenador deportivo y cómo pueden aplicarse con éxito a un puesto de supervisión en el lugar de trabajo.

Establecer relaciones.

Los directivos deben desarrollar relaciones positivas con el equipo en su conjunto y con cada uno de sus miembros. Las relaciones fomentan el desarrollo de un bloque esencial para la formación de equipos: la confianza. La confianza es importante para fomentar la cooperación y motivar a los empleados.

Disponibilidad.

Los directivos deben ser accesibles y accesibles para sus equipos. Deben ser visibles, no estar escondidos detrás de puertas cerradas realizando tareas administrativas.

- ¿Se sienten cómodos sus empleados cuando se dirigen a usted con sus preocupaciones?
- ¿Está usted lo suficientemente presente como para conocer y sentir el pulso del equipo?

Establecer objetivos: La planificación y el establecimiento de objetivos son componentes importantes del éxito de la supervisión.

- ¿Conoce su equipo los objetivos a corto, medio y largo plazo?
- ¿Son los objetivos realistas y están bien comunicados?
- ¿Existe un sentido de dirección y propósito entre los miembros del equipo?

Fomentar la participación.

Los directivos deben motivar a los miembros del equipo para que participen plenamente y de buen grado y para que crean en la misión del equipo. El papel del directivo es mantener a los empleados centrados en las metas y objetivos del equipo y facilitar la colaboración para lograr los resultados deseados.

Distribuir información.

Los directivos con éxito no ocultan información a sus subordinados. Mantienen a las personas informadas y las dotan de la información necesaria para completar una tarea o proyecto.

Ser un ejemplo.

Los directivos deben dar un ejemplo positivo de los comportamientos que desean en sus equipos. Esto significa predicar con el ejemplo y establecer normas y expectativas elevadas para sí mismos y para el equipo.

Elogiar los intentos.

Los entrenadores animan a sus equipos a probar cosas nuevas y fomentan un entorno propicio para el aprendizaje y la experimentación. El progreso individual y los logros personales deben celebrarse a medida que los individuos asumen tareas complejas.

Delegación.

Los entrenadores no son autosuficientes. Ven la delegación como una oportunidad para desarrollar la autoestima y la confianza y para ampliar su conjunto de habilidades. Aparte de eso, ven la delegación como un medio para desarrollar a sus jugadores y ampliar su conjunto de habilidades mediante el posicionamiento estratégico.

Formar un equipo.

Un entrenador no se limita a gestionar el equipo, sino que se convierte en parte integrante del mismo. No pida a un miembro del equipo que realice una tarea que usted no realizaría.

El desarrollo de un estilo de gestión basado en el coaching hará que el equipo sea capaz de obtener los resultados deseados por los directivos. Los directivos son los que más influyen en la satisfacción laboral de sus subordinados directos.

El papel de supervisor implica la autoridad para tomar decisiones que tienen un impacto directo en el equipo. Como entrenador, el desarrollo de habilidades de creación de equipos le permite influir y motivar a sus empleados para que participen como jugadores de equipo y colaboren eficazmente.

CAPÍTULO 6

Cómo ganarse el respeto, la lealtad y la confianza de sus empleados.

Permita que los empleados trabajen para usted y no contra usted, ganándose su respeto y, sobre todo, su confianza. Usted contrata a personas para que trabajen para usted, y si sabe cómo animarlas, lo harán. Anime a sus empleados a hacer sugerencias a través de un buzón de sugerencias, una reunión semanal o mensual, o una mesa redonda durante la pausa del café.

Si un empleado hace una sugerencia de mejora, no se lo tome como algo personal si contradice su pensamiento. Tenga en cuenta que nada crece en el hielo. Procure no cerrar por completo a un empleado tras una sugerencia, por ridícula que pueda parecer.

Cuando se anima a los empleados a hacer sugerencias y ofrecer ideas, créame que sus sugerencias mejorarán con el tiempo. Sí, habrá algunas extravagantes, estúpidas y sin relación entre sí, pero sólo hace falta una verdaderamente genial para engordar la cuenta de resultados. Por ello, me remito al adagio: toma lo bueno con lo malo.

En todo momento, las opiniones, sugerencias, recomendaciones e incluso las críticas deben ser bienvenidas. Nadie tiene siempre la razón, y hay que mantener la actitud de que todo se puede mejorar.

La confianza es un componente importante a la hora de crear vínculos fuertes entre directivos, empleados y empresarios. Cuando alguien tiene fe en ti, te seguirá y trabajará con diligencia para ayudarte. Esto nos lleva al arte de la comunicación.

Si sus empleados comprenden el panorama general y el rendimiento de la empresa en el mercado, trabajarán más duro para hacer realidad su visión. La confianza tarda en desarrollarse, pero una de las formas más sencillas de empezar es escuchar lo que tus empleados tienen que decir, animarles a hablar y respetar lo que tienen que decir.

Una de las bellas características de la confianza es que es contagiosa. Primero debe confiar en sus empleados, y ellos confiarán en usted, y finalmente, confiarán entre sí. Compartir la información, las estrategias y los objetivos aumenta la productividad porque todo el mundo entiende la dirección de la empresa y, aunque sólo sea por miedo a perder su trabajo, trabajará para conseguir el objetivo general.

El reposicionamiento interno de los empleados se vuelve menos estresante debido a la mayor comprensión (confianza) de que es por el bien de la empresa en su conjunto. Aunque las críticas pueden ser difíciles de digerir, todo forma parte de la ecuación de la confianza, y la construcción de la confianza da enormes dividendos.

La mentalidad dictatorial de "haz lo que digo o si no" es letal para una empresa y provoca una alta rotación de empleados. Aunque a la gente no le gusta que le digan lo que tiene que hacer, aprecia trabajar con los directivos.

Esté dispuesto a ofrecer elogios, pero no lo haga generosamente. Lo mismo ocurre con el refuerzo positivo del esfuerzo. Elogiar a todo el mundo y con frecuencia le hace parecer tacaño, pero ser sincero y sólo cuando es realmente merecido genera confianza y respeto entre las tropas.

Aunque cualquiera puede encontrar fallos, permitir a sus empleados desviarse ligeramente del camino en busca de una forma mejor puede dar resultados importantes. Si cometen errores y te cuesta dinero, ten en cuenta que todo esto forma parte del crecimiento de un negocio.

Mientras no se repitan los errores y se comparta la experiencia, su entorno de confianza crecerá. Los demás se entusiasmarán con el trabajo, sabiendo que es aceptable probar algo que puede no resultar 100% fructífero.

Cada error enseña una lección; los que no aprenden la lección son los perdedores.

Comprometa a su organización a crear una cultura de confianza y observe cómo sus empleados se vuelven más productivos, mejores comunicadores y más felices en el trabajo. Los empleados quieren saber a qué atenerse. El trabajo de los directivos es proporcionar información y crear una cultura en la que se modele y fomente la información.

Los siguientes cuatro criterios demuestran que se crea la lealtad de los empleados:

•Reconocimiento y alabanza.

-Sentimiento de contribución a la empresa/organización.

- Aprendizaje y desarrollo.

1. Elogio y reconocimiento: Se ha dicho que ninguna noticia es buena, pero eso no es cierto para los directivos que quieren conservar al mejor

personal. Para los empleados, no recibir comentarios equivale a ser ignorado: conduce a la complacencia. Los lugares de trabajo que pasan por alto el rendimiento dañan el espíritu humano y hacen una diferencia real en la calidad de los productos y servicios.

A menudo se considera que el reconocimiento positivo procede principalmente de los supervisores o directivos, pero los estudios han demostrado que los empleados también prefieren los elogios y el reconocimiento de sus compañeros. Los compañeros de trabajo conocen los detalles de una tarea, y ésta puede ser más significativa si aportan comentarios útiles.

¿Qué puede hacer la dirección para promover esto? Modelar el método adecuado para elogiar y reconocer con frecuencia. Trabajar con un coach ayuda a mejorar las habilidades de retroalimentación efectiva.

2. Un sentido de la contribución de la empresa: la excelencia sólo se produce cuando las personas

tienen un auténtico sentido de la finalidad de sus vidas. Las personas desean ser conscientes de que las empresas que marcan la diferencia deben hacer saber a los empleados lo esenciales que son su empleo y su rendimiento para el éxito general de la empresa. Debe haber un ajuste entre las motivaciones de los empleados y el objetivo del empleo. Colaborar en una misión es más emocionante que limitarse a completar una tarea.

¿Qué puede hacer un directivo para promover un propósito más significativo?

Implicar al personal en otros aspectos de la empresa. Llévelos a las reuniones y hágales saber lo que ocurre en los distintos departamentos y equipos.

3. Aprendizaje y desarrollo: las oportunidades de formación y desarrollo son cruciales. Las empresas eficaces recurren ahora a los coaches para ayudar a las personas a desarrollar sus talentos y ser más autosuficientes.

Trabajar con un coach implica animarles a tomar conciencia de sí mismos. Pueden ver las oportunidades de crecimiento utilizando sus puntos fuertes y sus talentos para comprender mejor quiénes son. A medida que adquieren conciencia de sí mismos, pueden identificar las áreas en las que sus talentos encajan bien.

4. Tener un mejor amigo en el trabajo: Tener un mejor amigo en el trabajo es esencial para que la gente decida quedarse en un trabajo a pesar de otras insatisfacciones. Los directivos de los mejores lugares de trabajo entienden que los empleados quieren desarrollar relaciones positivas con sus compañeros y que estas relaciones pueden ayudar a construir la lealtad a la empresa.

Los empleados reciben una importante compensación emocional por desarrollar relaciones de confianza con sus compañeros de trabajo. Aunque las organizaciones prestan mucha atención a la lealtad de los empleados, los mejores empleadores entienden que la lealtad de los empleados existe entre compañeros de trabajo. Los directivos excelentes proporcionan tiempo y espacio para que estas relaciones florezcan.

Los directivos son muy conscientes de la importancia de atraer y retener a los empleados con talento para tener éxito en el competitivo mundo laboral actual. Además, deben idear estrategias para motivar a los empleados y mejorar su rendimiento.

Los individuos rara vez se consideran a sí mismos como ejecutantes, sino más bien como individuos con fortalezas y talentos específicos. Antes de que los empleados se sientan motivados para realizar esfuerzos adicionales, deben creer que su jefe se preocupa por ellos a nivel humano.

No existe una fórmula única para la retención. Los siguientes son algunos de los ingredientes:

1. Transparencia en todas las direcciones

2. Los supervisores invitan a los empleados a participar en todos los aspectos del trabajo y les

ayudan a ver el panorama general: el valor monetario de sus contribuciones a la organización.

3. Fomentar entornos que favorezcan la experimentación y el aprendizaje.

Hay una necesidad crítica de involucrar y habilitar los corazones, las mentes y, sí, incluso las almas de las personas en el trabajo. Este nivel de compromiso es mucho más valioso que las primas, los beneficios o incluso los masajes en la silla. Es crucial para retener a las personas con talento.

CAPÍTULO 7

La importancia de dar feedback a los empleados.

Para los gerentes, proporcionar retroalimentación sobre el desempeño puede ser una experiencia traumática. Aunque traumática puede ser una exageración, es algo que se me plantea a menudo cuando trabajo con jefes de equipo.

A lo largo de nuestra vida, el feedback nos ha ayudado a adquirir y desarrollar nuestros conocimientos, capacidades y habilidades. De hecho, es un componente necesario del aprendizaje, y casi todo el mundo quiere saber cómo lo está haciendo, incluso si la retroalimentación es desagradable.

La retroalimentación nos proporciona la información que necesitamos para decidir qué hacer a continuación: nos da la posibilidad de elegir. Cuando la retroalimentación se proporciona de forma eficaz, es una de las herramientas más efectivas que tiene un directivo para aumentar la confianza, el rendimiento y la motivación del equipo.

Hay muchos modelos para proporcionar feedback, como STAR, AIM y SBI. Aunque todos ellos son beneficiosos, he comprobado que los directivos obtienen mejores resultados cuando adoptan y adaptan los principios que se exponen a continuación. Estas recomendaciones se basan libremente en el modelo de coaching GROW:

Cuándo proporcionar información.

Es mejor proporcionar la retroalimentación sobre el rendimiento inmediatamente que meses después, cuando puede haberse olvidado. Dedique tiempo a la retroalimentación con frecuencia, por ejemplo, tomando un café, en un taxi de camino a casa después de una reunión o durante una reunión semanal o mensual para ponerse al día.

La retroalimentación frecuente también ayuda a identificar los problemas de rendimiento a tiempo, en lugar de relegarlos a un "vertedero" una vez al año, evitando así la "sorpresa" de la evaluación del rendimiento.

A lo largo del año, procure ser equilibrado en sus comentarios, abordando tanto los aspectos positivos como los negativos.

¿Quién irá primero? - Pregunte a su empleado cómo cree que ha actuado. Entre las posibles preguntas para empezar se encuentran las siguientes:

- "¿Cómo crees que te ha ido?"
- "¿Cómo ha ido este año hasta ahora?"
- "¿Podría haber hecho algo diferente?"
- "¿Cómo le gustaría mejorar su rendimiento en el próximo año?"

Al permitir primero que los individuos expresen sus puntos de vista, puedes ayudarles a sentirse más cómodos con el proceso y establecer un terreno común para construir sus observaciones. Además, le proporciona a usted, el gerente, información sobre las prioridades de desempeño del individuo.

- ¿Está a su altura?

- ¿Está por debajo o por encima?

Además, te ayuda a determinar cómo reaccionarán a la retroalimentación que debes proporcionar. Si hay una discrepancia significativa, puede indicar la necesidad de una respuesta defensiva, para la que puedes prepararte.

Reconozca los aspectos positivos: tome nota de las áreas en las que su empleado ha mejorado o se ha desempeñado bien desde su conversación anterior sobre la retroalimentación. Mantenga un enfoque de tipo láser en los ejemplos concretos del comportamiento observado y, lo que es más importante, el impacto del comportamiento. Esto ayuda a reforzar los comportamientos deseados y establece un tono positivo para el resto de la conversación.

Tenga la amabilidad de proporcionar sólo los hechos: los comentarios deben ser muy específicos y fácticos. Evite hacer amplias generalizaciones basadas en opiniones personales o prejuicios. Si el comentario es potencialmente polémico, los empleados pueden tomarlo como algo personal y reaccionar a la defensiva.

Aparte de eso, concéntrese en hechos reales que sean fidedignos y estén respaldados por pruebas de comportamiento. Al conectar esto con el impacto del comportamiento, los empleados pueden entender mejor la retroalimentación. Esto les permite responder con más franqueza.

Centrarse en el comportamiento - La retroalimentación sobre el rendimiento tiene como objetivo cambiar o reforzar los comportamientos que afectan al rendimiento; no se trata de cambiar al individuo. Concentrarse en el comportamiento durante las reuniones de feedback también contribuye a la despersonalización del mismo. Una respuesta defensiva indica, casi con toda seguridad, que se lo han tomado como algo personal.

Concéntrese en el individuo - "Su problema es que no es un jugador de equipo".

Concéntrese en el comportamiento - "En muchas ocasiones, he observado que uno de los miembros del equipo solicita ayuda y usted la rechaza. Hoy ha sido un ejemplo".

Si la retroalimentación incluye casos en los que el individuo choca con otros y cree que no tiene la culpa, pídale que explique cómo cree que ha contribuido al conflicto y qué podría haber hecho de forma diferente para evitarlo.

Adelantar la conversación - A veces se tiende a centrar la atención en lo negativo. Haga avanzar la conversación lo más rápidamente posible para centrarse en los próximos pasos positivos, como lo que el empleado puede hacer para mejorar su rendimiento.

Invite a la persona a aportar su perspectiva sobre posibles soluciones. Investigue las opciones y las posibles vías de ayuda para el individuo. Prepárese para ofrecer consejos y orientación positivos a una persona que tenga dificultades para determinar un curso de acción.

Planifique los siguientes pasos: después de la discusión sobre los comentarios, busque siempre un acuerdo sobre una línea de acción concreta. Elabore un plan de acción y acuerde mutuamente un calendario para volver a visitarlo. Este plan debe incluir las acciones específicas que la persona tomará de forma diferente y la ayuda que usted le proporcionará. ¿Cuándo van a reunirse de nuevo para ponerse al día?

Conclusiones positivas - Procure siempre concluir con una nota positiva. Recuerde a la persona los aspectos positivos de la evaluación y lo que aprecia de su contribución. Anímale a dar los pasos necesarios para superar cualquier obstáculo y asegúrate de que estás dispuesto a ayudarle durante todo el proceso.

La clave es proporcionar una retroalimentación coherente y convertirla en una conversación bidireccional que reconozca las contribuciones de los empleados al proceso. Es más eficaz cuando se proporciona de forma coherente, honesta y constructiva, incluso cuando resulta incómodo para todas las partes implicadas. Sin embargo, la práctica ayuda, y cuanto más se haga, mejor será.

CAPÍTULO 8

Desarrollar un plan de coaching por escrito para los empleados.

Al considerar la creación de un plan de coaching por escrito, los directivos deben entender primero el terreno que van a atravesar. Hay que responder a tres preguntas esenciales:

¿Se trata de un plan de mejora del rendimiento o de un plan de coaching?

¿Apuntamos al siguiente nivel con este individuo?

¿Cómo vamos a determinar nuestro éxito?

Una vez que hayamos abordado estos tres puntos, podremos empezar a desarrollar nuestro Plan de Coaching para Empleados. La primera pregunta, "¿Es esto un plan de coaching o un plan de mejora del rendimiento?", es importante que la respondamos antes de continuar. En caso de que te preguntes las diferencias que existen entre ambos, permíteme aclararlo.

Un Plan de Coaching es un documento escrito que identifica los déficits de habilidades que deben abordarse. Suele ser una hoja de ruta para alguien que ya ha realizado su trabajo. Le ayudamos a desarrollar sus habilidades; quizá queramos cambiarlas de forma lateral, o hemos recibido algunas inquietudes sobre un área o dos que pueden mejorarse.

Además, un Plan de Mejora del Rendimiento, a menudo abreviado como "PIP", es un documento creado para un empleado que no está rindiendo a la altura de las expectativas en su función actual y, por lo general, indica que si el rendimiento sostenido no se produce inmediatamente, se pedirá al empleado que abandone la organización.

A menudo, ofrecemos a la persona que comienza con un PIP la opción de dimitir con indemnización o continuar con el PIP. Por desgracia, la mayoría de los empleados eligen el PIP cuando la indemnización habría sido una opción mucho mejor. Normalmente, cuando un directivo alcanza el nivel de PIP, el empleado queda irremediablemente dañado y acaba fracasando.

La segunda pregunta, "¿apuntamos al siguiente nivel con esta persona?", nos ayudará a desarrollar nuestra estrategia. Si queremos hacer avanzar a esta persona, un plan de coaching puede incluir muchas áreas de desarrollo fascinantes. Por ejemplo, si tenemos un directivo al que queremos ascender a los niveles ejecutivos, podemos mejorar su imagen profesional.

En esa situación, contratar a un experto en etiqueta o a un asesor de vestuario puede formar parte del plan. Si las habilidades de presentación son una preocupación, podemos asignarles trabajar con un entrenador de actuación u otro ejecutivo de nuestra organización para mejorar esas habilidades.

Por último, es necesario abordar la pregunta: "¿Cómo vamos a medir nuestro éxito?". Si colocamos a alguien en un PIP, nuestro éxito puede ser tan fácil como obtener la salida voluntaria del individuo de la organización, o puede ser que el PIP haya servido como una llamada de atención de que su rendimiento debe mejorar.

Para un directivo, el éxito puede significar que el individuo no ha superado el PIP y que la dirección tiene ahora motivos razonables para despedir al empleado. Del mismo modo, si estamos considerando un plan de coaching, el éxito vendrá determinado por el cambio de comportamiento necesario para hacer avanzar y crecer a este individuo. Demostrará la determinación y la disposición a adaptarse para tener éxito.

Haga lo que haga, tenga en cuenta los fundamentos de la formulación de objetivos. Si sigues el proceso de formulación de objetivos SMART, puedes crear los siguientes objetivos

ESPECÍFICOS (el quién, el qué, el dónde, el cómo y el cuándo)

MEDIBLES (cómo sabré si el objetivo se ha alcanzado)

ALCANZABLES (el objetivo es alcanzable, no se está dispuesto a fracasar)

REALISTA (es un objetivo por el que se está dispuesto a trabajar y en el que se puede trabajar)

CONSCIENTE DEL TIEMPO (hay un principio, un medio y un final)

Podrá responder a la pregunta: "¿Cómo puedo diseñar un plan de coaching para empleados para escribir?"

CONCLUSIÓN.

De un directivo eficiente y eficaz siempre se espera que sea un excelente entrenador. En muchos sentidos, el coaching implica facilitar el lado humano del trabajo. Un coaching eficaz ayuda al desarrollo de los individuos. Esto implica muchas preguntas y colaboración.

Es importante desarrollar sólidas relaciones interpersonales con los empleados, algo que hacen los directivos eficaces. Además, proporcionan comentarios constructivos sobre los comportamientos, siempre con una intención positiva.

Los directivos eficaces emplean el arte de preguntar para ayudar a sus empleados en su aprendizaje. Por último, la orientación profesional puede ser muy beneficiosa e importante.

Un buen directivo indagará sobre las pasiones de sus empleados y sus posibles nuevas funciones. Como resultado, los directivos y los empleados pueden colaborar para planificar los próximos pasos y ofrecer oportunidades para contribuir a nuevas áreas de interés.

Los directivos suelen apresurarse a proporcionar evaluaciones en lugar de comentarios positivos. La evaluación sólo sirve para reforzar la bien entendida relación jefe-subordinado.

Sin embargo, una retroalimentación realizada en el contexto y el momento adecuados enseña a las personas que la retroalimentación es una información, no un juicio de valor. Hay que tener en cuenta que el feedback debe ser coherente y positivo.

Además, hacer preguntas es un método excelente para obtener comprensión. Los mejores directivos buscan constantemente formas de relacionar el feedback con el comportamiento y los resultados empresariales.

Los mejores directivos son compasivos y decididos. Son excelentes comunicadores y oyentes.

Los mejores gerentes están constantemente en busca de oportunidades de coaching y proporcionan retroalimentación tanto informal como formal.

Sobre todo, los mejores directivos comparten la responsabilidad del cambio de comportamiento. Los mejores directivos desarrollan relaciones de colaboración con sus clientes, lo que beneficia a todos. Tanto la gestión como el coaching son necesarios y, cuando se utilizan adecuadamente, producen los mejores resultados tanto para los individuos como para las organizaciones.

Sea consciente de las distinciones y asegúrese de incorporar ambas en sus actividades diarias como directivo.

¿Estás preparado para hacer un cambio? Mucha suerte!

78

www.ingramcontent.com/pod-product-compliance
Lightning Source LLC
Chambersburg PA
CBHW070121230526
45472CB00004B/1366